DIS, ON MANGE QUOI CE SOIR ?

SALADES REPAS

50 RECETTES • 5 INGRÉDIENTS • 3 ÉTAPES MAXI

LAROUSSE

SOMMAIRE

SALADES À LA VIANDE

SALADES AU POISSON ET AUX FRUITS DE MER

SALADES VÉGÉTARIENNES

« DIS, ON MANGE QUOI CE SOIR ? QUOI ? *Encore ?!* »

Des recettes simples mais créatives, prévues pour 4 affamés

SALADE DE CAROTTES

au sarrasin et bleu d'Auvergne

POUR **4 PERSONNES** PRÉPARATION : **10 MIN** CUISSON : **15 MIN**

5 ingrédients au maximum pour faire des merveilles !

2 carottes en fines rondelles

180 g de sarrasin

1 oignon rouge émincé finement

100 g de bleu d'Auvergne émietté

100 g de pousses d'épinard

+ sel, poivre et vinaigrette

1. Faites cuire les carottes dans une casserole d'eau bouillante pendant 15 min. Égouttez-les et laissez refroidir.
2. Dans une autre casserole, faites cuire le sarrasin selon les indications du paquet (10 min environ), puis égouttez-le et réservez.
3. Mélangez les carottes avec le sarrasin, l'oignon, le bleu d'Auvergne et les pousses d'épinard. Salez, poivrez et assaisonnez de vinaigrette.

• 60 •

3 étapes de préparation qui demandent peu de temps et des gestes très basiques.

Il est 19 heures, vous rentrez d'une longue journée de travail. À peine avez-vous le temps de poser vos affaires et de souffler que déjà retentit une petite voix : « Dis, on mange quoi ce soir ? » C'est vrai, ça, on mange quoi ce soir ? Encore des pâtes au beurre ? Une poêlée surgelée ? Une pizza industrielle ? Que nenni ! Grâce à ce livre, découvrez comment éviter la panne d'inspiration culinaire sans pour autant vous lancer dans des recettes super compliquées et ultra-chronophages !

Quelques feuilles de salade, une **protéine**, un **féculent**, un **légume**... Avec **quelques ingrédients basiques** de votre frigo et de vos placards et **pas plus de 15 minutes** passées en cuisine, vous voilà avec une superbe **salade gourmande** et **équilibrée** pour régaler toute la famille !

DÉSORMAIS, VOUS SAVEZ CE QU'ON MANGE CE SOIR !

Un petit plat appétissant pour régaler toute la tribu !

SALADE
DE RIZ GRILLÉ
au bœuf

POUR **4 PERSONNES** PRÉPARATION : **5 MIN** CUISSON : **15 MIN**

250 g de riz

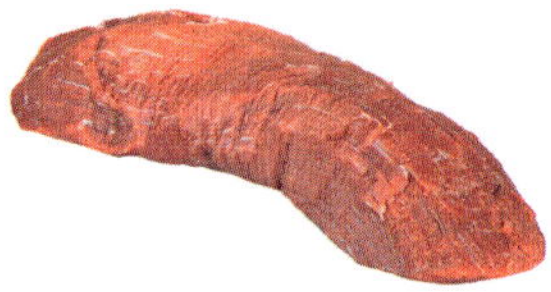

300 g de viande de bœuf (filet ou bavette)

1 branche de citronnelle ciselée

30 g de cacahuètes hachées

2 citrons verts

+ sel et poivre

1. Faites cuire le riz dans une casserole d'eau bouillante pendant 10 min selon les indications du paquet. Égouttez-le et laissez refroidir.

2. Dans une poêle, faites chauffer un filet d'huile et faites revenir la citronnelle 1 à 2 min, puis faites-y griller la viande à feu vif 3 à 4 min. Salez, poivrez, et découpez-la en fines lamelles. Réservez.

3. Dans la même poêle, faites revenir le riz jusqu'à ce qu'il soit légèrement grillé. Arrosez du jus de 1 citron vert. Mélangez le riz avec le bœuf à la citronnelle et les cacahuètes. Servez avec des quartiers de citron vert.

SALADE DE QUINOA

à la viande des Grisons et fourme d'Ambert

POUR **4 PERSONNES** PRÉPARATION : **5 MIN** CUISSON : **10 MIN**

250 g de quinoa

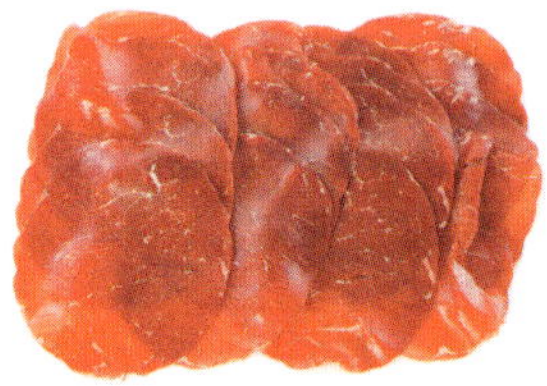

12 tranches de viande des Grisons en lamelles

100 g de fourme d'Ambert émiettée

8 figues coupées en quartiers

100 g de mesclun

+ sel, poivre et vinaigrette

1. Faites cuire le quinoa dans une casserole d'eau bouillante pendant 10 min selon les indications du paquet. Égouttez-le et laissez refroidir.

2. Mélangez le quinoa avec la viande des Grisons, les figues, la fourme et le mesclun. Salez, poivrez, puis assaisonnez de vinaigrette.

SALADE
DE POMMES DE TERRE
à la saucisse fumée

POUR **4 PERSONNES** PRÉPARATION : **10 MIN** CUISSON : **20 MIN**

8 pommes de terre en dés

2 saucisses de Montbéliard

100 g de mâche

1 oignon rouge ciselé

Quelques brins
de persil hachées

+ sel, poivre
et vinaigrette

1. Faites cuire les pommes de terre dans une casserole d'eau bouillante avec les saucisses pendant 20 min. Égouttez et réservez.
2. Coupez les saucisses en rondelles.
3. Mélangez les pommes de terre avec les saucisses, la mâche, l'oignon et quelques brins de persil. Salez, poivrez et servez avec une vinaigrette.

SALADE
DE COQUILLETTES
et de jambon blanc au fromage frais

POUR **4 PERSONNES** PRÉPARATION : **10 MIN** CUISSON : **10 MIN**

300 g de coquillettes

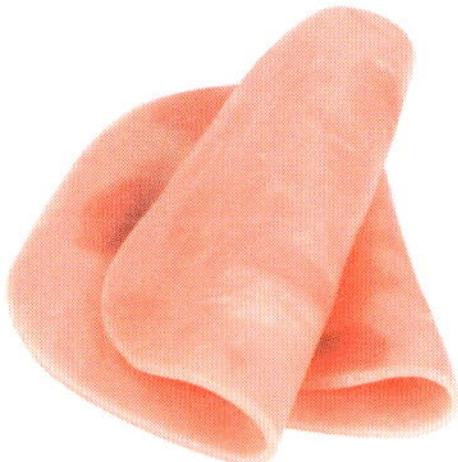

2 tranches de jambon blanc effilochées

100 g de fromage frais aux herbes émietté

200 g de tomates cerises coupées en deux

100 g de mesclun

+ sel et poivre

1. Faites cuire les coquillettes dans une casserole d'eau bouillante selon les indications du paquet, puis égouttez-les.

2. Mélangez les pâtes avec le jambon, les tomates cerises et le mesclun, puis parsemez de fromage frais. Salez et poivrez.

SALADE
DE PATATES DOUCES
et pastrami

POUR **4 PERSONNES** PRÉPARATION : **10 MIN** CUISSON : **20 MIN**

2 patates douces moyennes en dés

12 tranches de pastrami ou de rosbeef en lamelles

Une douzaine de tomates cerises coupées en deux

100 g de mâche

2 c. à soupe de pesto

+ sel, poivre et huile d'olive

1. Faites cuire les patates douces dans une casserole d'eau bouillante pendant 20 min. Égouttez-les et laissez refroidir.
2. Mélangez les tomates cerises et la viande avec les patates douces et la mâche. Salez et poivrez.
3. Délayez le pesto dans 2 c. à soupe d'huile d'olive pour le rendre plus fluide, puis parsemez la salade de cette sauce.

SALADE DE PÂTES,
mortadelle et burrata

POUR **4 PERSONNES** PRÉPARATION : **10 MIN** CUISSON : **10 MIN**

300 g de pâtes

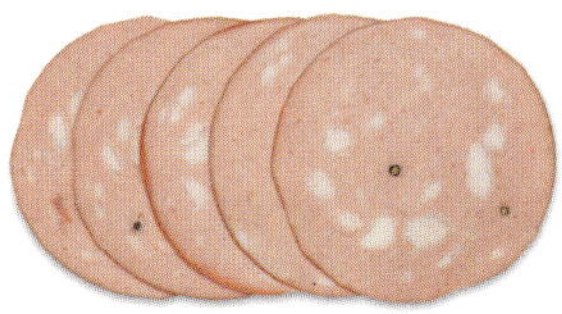

8 tranches de mortadelle effilochées

2 tomates en petits dés

2 burratas

1 c. à soupe de petites câpres

+ sel, poivre et huile d'olive

1. Faites cuire les pâtes dans une casserole d'eau bouillante selon les indications du paquet, puis égouttez-les.
2. Mélangez-les à la mortadelle, aux tomates et aux câpres.
3. Salez, poivrez, puis surmontez de la moitié d'une burrata par assiette. Arrosez d'un généreux filet d'huile d'olive.

SALADE CROUSTILLANTE

aux ravioles et lardons

POUR **4 PERSONNES** PRÉPARATION : **10 MIN** CUISSON : **10 MIN**

4 plaques de ravioles du Dauphiné

100 g d'allumettes de lardons

50 g de croûtons à l'ail et aux fines herbes

150 g de mâche

200 g de tomates cerises coupées en deux

+ huile d'olive

1. Faites revenir les lardons dans une poêle sans ajouter de matière grasse. Réservez.
2. Versez un petit filet d'huile d'olive dans la poêle puis faites dorer les ravioles de chaque côté.
3. Dans un saladier, placez la mâche et les tomates cerises, puis ajoutez les lardons, les ravioles poêlées et les croûtons. Assaisonnez au goût puis dégustez aussitôt.

SALADE DE BOULGOUR

aux courgettes grillées, bacon et halloumi

POUR **4 PERSONNES** PRÉPARATION : **10 MIN** CUISSON : **10 MIN**

300 g de boulgour

1 courgette
en demi-rondelles

10 tranches de bacon

250 g de halloumi
en tranches

2 tomates en petits dés

+ sel, poivre
et huile d'olive

1. Faites cuire le boulgour dans une casserole d'eau bouillante selon les indications du paquet, puis égouttez-le.

2. Pendant ce temps, faites revenir les demi-rondelles de courgettes à feu vif dans une poêle huilée pendant 3 à 4 min jusqu'à ce qu'elles soient grillées. Réservez.

3. Dans la même poêle chaude, faites griller le bacon et le halloumi quelques minutes jusqu'à ce qu'ils soient grillés. Mélangez-les avec le boulgour, les courgettes et les tomates, et arrosez d'un filet d'huile d'olive. Salez et poivrez.

SALADE
DE POMMES DE TERRE
à l'italienne

POUR **4 PERSONNES** PRÉPARATION : **10 MIN** CUISSON : **20 MIN**

800 g de pommes de terre grenaille

6 tranches de jambon cru ciselées

100 g de parmesan en copeaux

100 g de pousses d'épinard

10 tomates séchées en lamelles

+ sel et poivre

1. Faites cuire les pommes de terre 20 min dans une casserole d'eau bouillante jusqu'à ce qu'elles soient tendres, puis laissez refroidir.
2. Coupez les pommes de terre en deux, puis mélangez-les avec le jambon cru, le parmesan, les pousses d'épinard et les tomates séchées.
3. Assaisonnez avec l'huile des tomates séchées, du sel et du poivre.

SALADE
DE HARICOTS VERTS
et d'épeautre au jambon cru

POUR **4 PERSONNES** PRÉPARATION : **10 MIN** CUISSON : **45 MIN**

400 g de haricots verts

300 g d'épeautre

6 tranches de jambon cru effilochées

2 pêches coupées en quartiers

30 g de pignons de pin

+ sel, poivre et vinaigrette

1. Faites cuire l'épeautre dans une casserole d'eau bouillante selon les indications du paquet (environ 45 min), puis égouttez-le. Pour réduire le temps de cuisson 25 min, mettez à tremper les grains la veille.

2. Pendant ce temps, faites cuire les haricots verts à l'eau bouillante pendant 12 min. Égouttez-les et réservez.

3. Torréfiez les pignons de pin 1 ou 2 min, le temps qu'ils soient grillés. Mélangez les haricots avec l'épeautre, le jambon, les pêches et les pignons. Salez, poivrez et assaisonnez de vinaigrette.

SABRE
SABRE

SALADE
DE HARICOTS BLANCS
à l'orange et jambon de pays

POUR **4 PERSONNES** PRÉPARATION : **5 MIN**

800 g de haricots blancs cuits en bocal, à égoutter

2 oranges détaillées en suprêmes

6 tranches de jambon de pays en lanières

1 oignon rouge ciselé

Quelques feuilles de basilic ciselées

+ sel, poivre et vinaigrette

1. Dans un saladier ou un plat de service, disposez les haricots blancs, les oranges, le jambon et l'oignon rouge. Salez et poivrez.
2. Parsemez de basilic avant de servir avec une vinaigrette.

SALADE DE PÂTES

au maïs et chorizo

POUR **4 PERSONNES** PRÉPARATION : **10 MIN** CUISSON : **10 MIN**

250 g de pâtes

285 g de maïs en boîte, à égoutter

100 g de chorizo en tranches

10 lamelles de poivrons marinés

Une douzaine d'olives vertes

+ sel et poivre

1. Faites cuire les pâtes dans une casserole d'eau bouillante selon les indications du paquet, puis égouttez-les.
2. Faites griller le chorizo quelques minutes dans une poêle.
3. Mélangez les pâtes avec le chorizo, le maïs, les poivrons marinés et les olives. Assaisonnez avec la marinade des poivrons. Salez et poivrez.

SALADE
DE HARICOTS VERTS
et de lardons aux œufs mollets

POUR **4 PERSONNES** PRÉPARATION : **10 MIN** CUISSON : **15 MIN**

400 g de haricots verts

200 g de lardons

4 œufs

100 g de parmesan
en copeaux

1 échalote hachée
finement

+ sel, poivre
et vinaigrette

1. Faites cuire les haricots verts dans une casserole d'eau bouillante, puis égouttez-les.

2. Plongez les œufs 6 min dans une casserole d'eau bouillante pour les faire mollets, puis écalez-les délicatement. Pendant ce temps, faites griller les lardons dans une poêle chaude 3 à 4 min à feu vif.

3. Mélangez les haricots, les lardons et le parmesan, puis parsemez d'échalote et assaisonnez de vinaigrette. Salez et poivrez. Servez avec 1 œuf mollet par assiette.

SALADE D'ENDIVES

et de poulet au roquefort

POUR **4 PERSONNES** PRÉPARATION : **10 MIN** CUISSON : **10 MIN**

4 endives en morceaux

2 filets de poulet

½ baguette en petits dés

200 g de tomates cerises coupées en deux

100 g de roquefort en petits dés

+ sel, poivre et huile d'olive

1. Dans une poêle huilée bien chaude, faites revenir les escalopes de poulet pendant 5 min en les retournant à mi-cuisson jusqu'à ce qu'elles soient bien dorées. Enveloppez-les dans une feuille d'aluminium pour qu'elles continuent à cuire doucement.

2. Dans la même poêle, faites revenir les croûtons de pain avec un filet d'huile d'olive.

3. Effilochez le poulet, puis mélangez-le avec les endives, les tomates cerises, le roquefort et les croûtons. Salez et poivrez.

SALADE DE BLÉ

au poulet et chèvre frais

POUR **4 PERSONNES** PRÉPARATION : **10 MIN** CUISSON : **10 MIN**

250 g de blé précuit type Ebly®

2 filets de poulet en dés

100 g de roquette

40 g de cranberries (ou de raisins secs)

100 g de chèvre frais émietté

+ sel, poivre et vinaigrette

1. Faites cuire le blé dans une casserole d'eau bouillante en suivant les indications du paquet, puis égouttez-le.
2. Dans une poêle huilée bien chaude, faites revenir les dés de poulet pendant 5 min jusqu'à ce qu'ils soient bien dorés.
3. Mélangez le blé avec le poulet, la roquette, les cranberries et le chèvre frais. Salez, poivrez et assaisonnez de vinaigrette.

SALADE
DE POMMES DE TERRE
au poulet et œufs mollets

POUR **4 PERSONNES** PRÉPARATION : **10 MIN** CUISSON : **15 MIN**

4 pommes de terre en dés

2 filets de poulet
en lamelles

1 salade romaine

200 g de fèves

4 œufs

+ sel, poivre
et vinaigrette

1. Faites cuire les pommes de terre dans une casserole d'eau bouillante pendant 15 min et égouttez-les. Pendant ce temps, dans une poêle huilée bien chaude, faites revenir le poulet pendant 5 min jusqu'à ce qu'il soit bien doré. Réservez.

2. Dans une casserole d'eau, faites cuire les fèves avec les œufs pendant 6 min, puis égouttez-les. Écalez-les.

3. Effeuillez la salade et coupez les plus grandes feuilles. Mélangez-la avec les pommes de terre, le poulet et les fèves. Salez, poivrez, puis servez avec 1 œuf mollet par assiette et assaisonnez de vinaigrette.

SALADE DE PÂTES À L'ITALIENNE

au poulet et pesto

POUR **4 PERSONNES** PRÉPARATION : **20 MIN** CUISSON : **10 MIN**

300 g de farfalle

250 g de filets de poulet en lanières

80 g de pesto

200 g de tomates cerises coupées en deux

100 g de billes de mozzarella

+ sel et poivre

1. Faites chauffer une poêle et faites-y cuire le poulet 10 min avec 40 g de pesto.

2. En parallèle, faites cuire les pâtes selon les indications de l'emballage. Récupérez une petite louche d'eau de cuisson et mélangez-la avec le pesto restant. Égouttez les pâtes et passez-les sous l'eau froide pour les faire refroidir.

3. Mettez les pâtes dans un saladier. Ajoutez le pesto, les tomates cerises, les billes de mozzarella ainsi que le poulet, salez et poivrez, puis mélangez.

SALADE DE PÂTES
au poulet, bacon et brocoli

POUR **4 PERSONNES** PRÉPARATION : **10 MIN** CUISSON : **10 MIN**

300 g de pâtes

2 filets de poulet en dés

1 brocoli coupé en fleurettes

8 tranches de poitrine fumée

80 g de cheddar mature en petits dés

+ sel et poivre

1. Faites cuire les pâtes avec le brocoli dans une casserole d'eau bouillante en suivant les indications du paquet, puis égouttez-les.
2. Dans une poêle huilée bien chaude, faites revenir les dés de poulet pendant 5 min jusqu'à ce qu'ils soient bien dorés. Réservez.
3. Faites griller les tranches de poitrine fumée pendant 3 min jusqu'à ce qu'elles soient dorées et coupez-les en trois. Mélangez-les avec les pâtes, le brocoli, le poulet et le cheddar. Salez et poivrez.

SALADE DE GÉSIERS

à l'avocat et aux tomates

POUR **4 PERSONNES** PRÉPARATION : **10 MIN** CUISSON : **5 MIN**

250 g de gésiers confits

2 avocats en dés

3 tomates coupées en quartiers

100 g de mâche

50 g de noix de cajou concassées

+ sel, poivre et vinaigrette

1. Dans une poêle bien chaude, faites dorer les gésiers pendant 5 min à feu vif.
2. Mélangez les gésiers avec les avocats, les tomates, la mâche et les noix de cajou. Salez, poivrez et assaisonnez de vinaigrette.

SALADE DE LENTILLES
au magret et à la pomme

POUR **4 PERSONNES** PRÉPARATION : **10 MIN** CUISSON : **20 MIN**

200 g de lentilles vertes

Une vingtaine de tranches de magret de canard séché

1 pomme en lamelles

100 g de cantal en petits dés

50 g de cerneaux de noix

+ sel, poivre et vinaigrette

1. Faites cuire les lentilles dans une casserole d'eau bouillante pendant 20 min, puis égouttez-les.
2. Mélangez les lentilles avec le magret, la pomme, le cantal et les noix. Salez, poivrez et assaisonnez de vinaigrette.

SALADE DE MAGRET SÉCHÉ

à la mangue

POUR **4 PERSONNES** PRÉPARATION : **10 MIN**

100 g de magret de canard séché

1 mangue

200 g de mâche

Vinaigrette

1. Épluchez la mangue puis découpez-la en lamelles. Récupérez 1 c. à soupe de jus de mangue et ajoutez-le à la vinaigrette.
2. Retirez une partie du gras des tranches du magret. Disposez les lamelles de mangue et le magret sur les assiettes et versez un filet de vinaigrette dessus.
3. Mélangez la mâche au restant de sauce, puis ajoutez le tout dans les assiettes.

SALADE DE SOBA

et d'edamame au saumon cru

POUR **4 PERSONNES** PRÉPARATION : **10 MIN** CUISSON : **6 MIN**

200 g de nouilles soba

300 g d'edamame

2 pavés de saumon coupés en fines tranches

½ concombre coupé en demi-rondelles

4 c. à soupe de sauce soja salée

+ sel et poivre

1. Faites cuire les edamame dans une casserole d'eau bouillante pendant 6 min. Égouttez-les, puis écossez-les.
2. Faites cuire les nouilles soba pendant 4 min, égouttez-les et rincez-les à l'eau froide.
3. Mélangez les edamame avec les nouilles, le saumon et le concombre, puis assaisonnez de sauce soja. Salez et poivrez.

SALADE NORDIQUE

de pommes de terre au saumon fumé

POUR **4 PERSONNES** PRÉPARATION : **10 MIN** CUISSON : **15 MIN**

8 pommes de terre en dés

4 tranches de saumon fumé en lamelles

1 betterave cuite coupée en quartiers

1 oignon rouge finement ciselé

Quelques brins d'aneth

+ sel et poivre

1. Faites cuire les pommes de terre dans une casserole d'eau bouillante pendant 15 min, puis égouttez-les.
2. Mélangez-les au saumon, à la betterave et à l'oignon. Salez et poivrez. Parsemez d'aneth ciselé.

TABOULÉ DE BROCOLI

et de quinoa au saumon

POUR **4 PERSONNES** PRÉPARATION : **15 MIN** CUISSON : **12 MIN**

240 g de quinoa

1 brocoli

2 pavés de saumon en gros dés

2 c. à soupe de beurre de cacahuète

3 c. à soupe de sauce soja salée

+ sel, poivre et huile d'olive

1. Préchauffez le four à 180 °C. Dans une casserole d'eau bouillante, faites cuire le quinoa selon les indications du paquet. Égouttez et laissez refroidir.

2. Disposez les dés de saumon dans un plat allant au four avec un filet d'huile d'olive. Salez, poivrez et enfournez pour 12 min.

3. Dans un bol, émulsionnez ensemble le beurre de cacahuète avec un demi-verre d'eau et la sauce soja. Salez, poivrez, réajustez l'eau selon la consistance souhaitée. Passez les fleurettes de brocolis au mixeur pour en faire une semoule. Mélangez avec le saumon, le quinoa et servez avec la sauce cacahuète.

SALADE POKÉ BOWL

au saumon et avocat

POUR **4 PERSONNES** PRÉPARATION : **15 MIN**

3 pavés de saumon mariné en cubes

1 concombre en demi-rondelles

300 g de riz à sushi cuit

2 avocats en tranches

½ chou chinois émincé finement

+ graines de sésame et vinaigrette au citron

1. Placez le riz dans un saladier et mélangez-le avec 1 c. à soupe de graines de sésame.
2. Répartissez les légumes et le poisson mariné sur le dessus, puis versez la vinaigrette au citron.
3. Parsemez d'1 c. à soupe de graines de sésame et servez avec des baguettes.

SALADE DE LENTILLES

à l'avocat, saumon et œufs mollets

POUR **4 PERSONNES** PRÉPARATION : **15 MIN** CUISSON : **6 MIN**

500 g de lentilles cuites en bocal, à égoutter

4 œufs

2 avocats en dés

4 tranches de saumon fumé émincées

Le jus de ½ citron

+ sel et poivre

1. Faites cuire les œufs 6 min dans une casserole d'eau bouillante, puis écalez-les.
2. Dans un saladier, mélangez les lentilles avec les avocats, le saumon fumé, du sel, du poivre et le jus de citron.
3. Servez en ajoutant 1 œuf mollet par assiette.

SALADE
DE HARICOTS ROUGES
et quinoa au saumon et à la mangue

POUR **4 PERSONNES** PRÉPARATION : **10 MIN** CUISSON : **10 MIN**

400 g de haricots rouges cuits en bocal, à égoutter

240 g de quinoa

2 pavés de saumon en petits dés

1 mangue en petits dés

2 avocats en petits dés

+ vinaigrette à la sauce soja

1. Faites cuire le quinoa pendant 10 min dans une casserole d'eau bouillante selon les indications du paquet. Égouttez, puis laissez refroidir.

2. Mélangez le quinoa avec les haricots, le saumon, la mangue et les avocat. Servez avec une vinaigrette à la sauce soja.

SALADE
DE POMMES DE TERRE
à la truite fumée

POUR **4 PERSONNES** PRÉPARATION : **15 MIN** CUISSON : **20 MIN**

800 g de pommes de terre grenaille

4 tranches de truite fumée en lamelles

1 yaourt grec

1 c. à café de moutarde

10 grosses câpres

+ sel, poivre et huile d'olive

1. Dans une casserole d'eau bouillante, faites cuire les pommes de terre 20 min. Laissez refroidir.
2. Mélangez les pommes de terre avec le yaourt, la moutarde et un filet d'huile d'olive.
3. Salez, poivrez et parsemez de câpres et de truite fumée.

SALADE DE RIZ

au thon et artichauts

POUR **4 PERSONNES** PRÉPARATION : **10 MIN** CUISSON : **15 MIN**

250 g de riz

200 g de filets de thon en boîte, à égoutter

100 g d'artichauts marinés en lamelles

Une dizaine de tomates séchées en lamelles

285 g de maïs en boîte, à égoutter

+ sel et poivre

1. La veille, idéalement : faites cuire le riz pendant 15 min dans une casserole d'eau bouillante. Égouttez-le et laissez refroidir.

2. Mélangez le riz avec le thon, les artichauts marinés, les tomates séchées et le maïs. Salez et poivrez. Utilisez l'huile de marinade des tomates pour assaisonner la salade.

Astuce : parsemez la salade d'aneth ciselé.

SALADE DE NOUILLES

au thon cru

POUR **4 PERSONNES** PRÉPARATION : **10 MIN** CUISSON : **10 MIN**

250 g de nouilles de blé

2 pavés de thon en lamelles

2 carottes râpées

¼ de chou rouge coupé très finement

4 c. à soupe de sauce soja

+ sel et poivre

1. Faites cuire les nouilles dans une casserole d'eau bouillante suivant les indications du paquet. Égouttez-les et laissez refroidir.
2. Mélangez les nouilles avec le thon, les carottes et le chou rouge. Ajoutez la sauce soja, salez et poivrez.

Astuce : pour plus de saveur, parsemez de coriandre ciselée.

SALADE DE HARICOTS BLANCS

au thon et à la feta

POUR **4 PERSONNES** PRÉPARATION : **5 MIN**

400 g de haricots blancs en bocal, à égoutter

200 g de filets de thon en boîte émiettés

Une dizaine de lamelles de poivrons marinés

150 g de feta émiettée

Quelques feuilles de basilic

+ sel et poivre

1. Mélangez les haricots blancs, le thon, les poivrons marinés, la feta et quelques feuilles de basilic.
2. Salez, poivrez et assaisonnez avec la marinade des poivrons.

SALADE
DE POMMES DE TERRE
et petits pois au haddock

POUR **4 PERSONNES** PRÉPARATION : **10 MIN** CUISSON : **15 MIN**

8 pommes de terre en dés

400 g de haddock fumé
en fines lamelles

200 g de petits pois

Le jus de 1 citron

1 yaourt grec

+ sel et poivre

1. Mettez les pommes de terre à cuire dans une casserole d'eau bouillante pendant 15 min. Égouttez-les et laissez refroidir. Pendant ce temps, mettez à cuire les petits pois dans une autre casserole pendant 6 min. Égouttez-les et réservez.

2. Mélangez le yaourt avec le jus du citron. Salez et poivrez.

3. Mélangez les pommes de terre avec le haddock et les petits pois, puis servez avec la sauce yaourt.

Astuce : un peu d'aneth ciselé parfumera agréablement votre salade !

SALADE DE POIVRONS,

anchois et croûtons

POUR **4 PERSONNES** PRÉPARATION : **15 MIN** CUISSON : **20 MIN** RÉFRIGÉRATION : **1 H**

12 filets d'anchois à l'huile

4 poivrons (rouge, vert, jaune) en lanières

100 g de croûtons

6 tomates séchées émincées

3 c. à soupe de basilic ciselé

+ sel, poivre et huile d'olive

1. Préchauffez le four à 220 °C. Disposez les poivrons sur une plaque recouverte de papier cuisson et aspergez d'un peu d'huile d'olive. Salez. Enfournez pour 20 min environ ; les poivrons doivent être fondants. Laissez refroidir.

2. Dans un saladier, placez les poivrons, les filets d'anchois, les tomates séchées, le basilic et les croûtons. Arrosez d'huile d'olive, salez et poivrez puis mélangez bien.

3. Réservez 1 h au frais avant de déguster.

SALADE DE QUINOA

aux crevettes et à l'ananas

POUR **4 PERSONNES** PRÉPARATION : **10 MIN** CUISSON : **10 MIN**

250 g de quinoa

200 g de crevettes cuites décortiquées

½ ananas en dés

1 poivron rouge en dés

Quelques feuilles de menthe ciselées

+ sel, poivre et vinaigrette

1. Faites cuire le quinoa dans une casserole d'eau bouillante suivant les indications du paquet. Égouttez-le et laissez refroidir.
2. Faites cuire le poivron pendant 5 min dans une poêle huilée bien chaude.
3. Mélangez le quinoa avec les poivrons, les crevettes, l'ananas et quelques feuilles de menthe. Salez, poivrez et assaisonnez de vinaigrette.

SALADE
DE HARICOTS ROUGES
aux crevettes et à la mangue

POUR **4 PERSONNES** PRÉPARATION : **5 MIN**

400 g de haricots rouges cuits en bocal, à égoutter

200 g de crevettes cuites décortiquées

2 tomates en petits dés

1 mangue en dés

Quelques brins de coriandre ciselés

+ sel, poivre et vinaigrette

1. Mélangez les haricots rouges avec les crevettes, les tomates, la mangue et quelques brins de coriandre.

2. Salez, poivrez et assaisonnez de vinaigrette.

SALADE CROQUANTE

de choux aux crevettes

POUR **4 PERSONNES** PRÉPARATION : **15 MIN**

¼ de chou rouge râpé

½ chou chinois émincé

12 grosses crevettes cuites décortiquées

2 c. à soupe de noix de coco râpée

Le jus de ½ citron

+ cacahuètes hachées et vinaigrette au citron

1. Arrosez le chou rouge de jus de citron pour l'attendrir et voir sa couleur virer au rose.
2. Mélangez les choux avec la vinaigrette au citron, puis ajoutez les crevettes, la noix de coco et les cacahuètes.

SALADE DE CREVETTES

au fenouil et à l'orange

POUR **4 PERSONNES** PRÉPARATION : **5 MIN**

200 g de crevettes cuites décortiquées

1 fenouil en fines lamelles

2 oranges

2 avocats en dés

1 pomme verte coupée finement

+ sel, poivre et vinaigrette

1. Épluchez les oranges et prélevez les suprêmes.
2. Mélangez les suprêmes d'orange avec les crevettes, le fenouil, les avocats et la pomme. Salez, poivrez et assaisonnez de vinaigrette.

SALADE
DE POMMES DE TERRE
au poulpe

POUR **4 PERSONNES** PRÉPARATION : **10 MIN** CUISSON : **15 MIN**

8 pommes de terre en dés

400 g de poulpe cuit en petits tronçons

Une vingtaine d'olives vertes à l'ail

130 g de pois chiches cuits en bocal, à égoutter

1 oignon rouge en fines lamelles

+ sel, poivre et vinaigrette

1. Mettez les pommes de terre à cuire dans une casserole d'eau bouillante pendant 15 min. Égouttez-les et laissez refroidir.

2. Mélangez les pommes de terre avec le poulpe, les olives, les pois chiches et l'oignon. Salez, poivrez et assaisonnez de vinaigrette.

Astuce : parsemez de persil ciselé.

SALADE DE BLÉ

au potimarron et à la feta

POUR **4 PERSONNES** PRÉPARATION : **10 MIN** CUISSON : **25 MIN**

250 g de blé précuit type Ebly®

½ potimarron en dés

1 betterave cuite coupée en quartiers

150 g de feta émiettée

50 g de cerneaux de noix

+ sel, poivre, vinaigrette et huile d'olive

1. Préchauffez le four à 190 °C. Disposez le potimarron sur une plaque et arrosez-le d'huile d'olive. Salez, poivrez et enfournez pour 25 min.
2. Pendant ce temps, faites cuire le blé dans une casserole d'eau bouillante pendant 10 min, puis égouttez.
3. Mélangez le potimarron avec le blé, la betterave, la feta et les noix. Salez, poivrez et assaisonnez de vinaigrette.

SALADE DE CAROTTES

au sarrasin et bleu d'Auvergne

POUR **4 PERSONNES** PRÉPARATION : **10 MIN** CUISSON : **15 MIN**

2 carottes en fines rondelles

180 g de sarrasin

1 oignon rouge émincé finement

100 g de bleu d'Auvergne émietté

100 g de pousses d'épinard

+ sel, poivre et vinaigrette

1. Faites cuire les carottes dans une casserole d'eau bouillante pendant 15 min. Égouttez-les et laissez refroidir.
2. Dans une autre casserole, faites cuire le sarrasin selon les indications du paquet (10 min environ), puis égouttez-le et réservez.
3. Mélangez les carottes avec le sarrasin, l'oignon, le bleu d'Auvergne et les pousses d'épinard. Salez, poivrez et assaisonnez de vinaigrette.

TABOULÉ

de chou-fleur au concombre et poivron

POUR **4 PERSONNES** PRÉPARATION : **10 MIN**

½ chou-fleur

½ concombre en petits dés

1 poivron rouge en petits dés

1 oignon rouge haché

½ botte de menthe hachée finement

+ sel, poivre et vinaigrette

1. À l'aide d'un robot hachoir, réduisez le chou-fleur cru en semoule fine.
2. Mélangez le chou-fleur avec le concombre, le poivron, l'oignon et la menthe. Salez, poivrez et assaisonnez de vinaigrette.

SALADE D'ANTIPASTIS
à la mozzarella

POUR **4 PERSONNES** PRÉPARATION : **10 MIN** CUISSON : **15 MIN**

2 aubergines en demi-tranches

2 courgettes en rondelles

1 poivron rouge en lamelles

2 boules de mozzarella en tranches

½ baguette coupée en petits dés

+ sel, poivre et huile d'olive

1. Faites chauffer une poêle avec un filet d'huile d'olive. Faites revenir le pain pendant 3 à 4 min jusqu'à ce que les croûtons soient dorés. Réservez.
2. Dans la même poêle, faites griller les légumes avec un bon filet d'huile d'olive. Salez et poivrez.
3. Servez tous les légumes ensemble avec la mozzarella et les croûtons.

SALADE DE BOULGOUR

citronné au brocoli

POUR **4 PERSONNES** PRÉPARATION : **10 MIN** CUISSON : **15 MIN**

250 g de boulgour

1 brocoli

½ grenade égrainée

1 citron

2 burratas

+ sel, poivre
et huile d'olive

1. Préchauffez le four à 190 °C. Détachez le brocoli en fleurettes. Disposez-les sur une plaque puis arrosez d'un filet d'huile d'olive. Enfournez pour 15 min.

2. Pendant ce temps, faites cuire le boulgour dans une casserole d'eau bouillante, selon les indications du paquet (environ 10 min), puis égouttez-le et réservez.

3. Mélangez le boulgour avec les brocolis et la grenade. Ajoutez le zeste et le jus du citron. Salez et poivrez. Surmontez de la moitié d'une burrata par assiette et servez.

SALADE DE BLÉ

aux asperges, petits pois et chèvre

POUR **4 PERSONNES** PRÉPARATION : **10 MIN** CUISSON : **10 MIN**

200 g de blé précuit type Ebly®

1 botte d'asperges vertes

200 g de petits pois

100 g de roquette

100 g de chèvre frais émietté

+ sel, poivre et vinaigrette

1. Faites cuire le blé dans une casserole d'eau bouillante en suivant les indications du paquet, puis égouttez.

2. Équeutez les asperges, puis faites-les cuire dans une autre casserole d'eau bouillante pendant 10 min. Égouttez-les, coupez-les en tronçons et réservez.

3. Plongez les petits pois dans une autre casserole d'eau bouillante pendant 6 min, puis égouttez. Mélangez le blé, les petits pois et les asperges avec la roquette, et parsemez de chèvre frais. Salez, poivrez et assaisonnez de vinaigrette.

SALADE DE QUINOA
à la courgette et œufs mollets

POUR **4 PERSONNES** PRÉPARATION : **10 MIN** CUISSON : **10 MIN**

240 g de quinoa

4 œufs

1 courgette en dés

100 g de pousses d'épinard

130 g de pois chiches cuits en bocal, à égoutter

+ sel, poivre et vinaigrette

1. Faites cuire le quinoa dans une casserole d'eau bouillante en suivant les indications du paquet, puis égouttez-le.
2. Dans une autre casserole d'eau bouillante, faites cuire les œufs pendant 6 min pour qu'ils soient mollets. Écalez-les et réservez-les.
3. Faites revenir les dés de courgette dans une poêle huilée 4 min à feu vif. Mélangez-les avec le quinoa, les pousses d'épinard et les pois chiches. Salez, poivrez et assaisonnez de vinaigrette. Servez avec 1 oeuf mollet par assiette.

SALADE D'AUTOMNE

au chèvre frais

POUR **4 PERSONNES** PRÉPARATION : **15 MIN** CUISSON : **25 MIN**

½ potiron finement coupé

¼ de chou rouge finement coupé

1 pomme en fines lamelles

100 g de chèvre frais émietté

50 g de noix de pécan

+ sel, poivre, huile d'olive et vinaigrette

1. Préchauffez le four à 190 °C. Disposez le potiron sur une plaque allant au four. Arrosez d'un filet d'huile d'olive, salez, poivrez et enfournez pour 25 min.

2. Mélangez le potiron avec le chou et la pomme. Parsemez de chèvre frais et de noix de pécan. Salez, poivrez et assaisonnez de vinaigrette.

SALADE DE RIZ

aux pois chiches et herbes

POUR **4 PERSONNES** PRÉPARATION : **10 MIN** CUISSON : **10 MIN**

250 g de riz basmati

265 g de pois chiches cuits en bocal, à égoutter

8 lamelles de poivrons marinés

½ botte d'aneth ciselée

½ botte de menthe ciselée

+ sel et poivre

1. Faites cuire le riz 10 min dans une casserole d'eau bouillante salée. Égouttez-le et laissez-le refroidir.
2. Dans un saladier, mélangez le riz avec les pois chiches et les poivrons marinés, salez et poivrez.
3. Assaisonnez avec l'huile de la marinade des poivrons et servez parsemé d'aneth et de menthe.

SALADE
DE HARICOTS BLANCS
à la courgette et pesto

POUR **4 PERSONNES** PRÉPARATION : **5 MIN** CUISSON : **5 MIN**

800 g de haricots blancs cuits en bocal, à égoutter

1 courgette en demi-rondelles

5 lamelles de poivrons marinés

4 c. à soupe de pesto

2 burratas

+ sel, poivre et huile d'olive

1. Faites griller la courgette dans une poêle huilée bien chaude.
2. Dans un saladier ou un plat de service, disposez les haricots blancs, la courgette grillée et les poivrons marinés. Salez, poivrez et mélangez avec 2 c. à soupe de pesto.
3. Surmontez de la moitié d'une burrata par assiette, puis arrosez avec le reste du pesto.

SALADE AUX POIRES,

figues et gorgonzola

POUR **4 PERSONNES** PRÉPARATION : **10 MIN**

2 poires en tranches

200 g de gorgonzola en petits morceaux

4 figues en quartiers

1 sucrine

1 salade trévise

+ noix de pécan, poivre et vinaigrette

1. Mélangez la salade avec les fruits puis assaisonnez avec la vinaigrette et poivrez fortement.
2. Répartissez le gorgonzola sur la salade avec les noix de pécan.

SALADE DE LENTILLES

et patates douces à la grenade

POUR **4 PERSONNES** PRÉPARATION : **15 MIN** CUISSON : **20 MIN**

480 g de lentilles vertes

2 patates douces en dés

Les graines de ½ grenade

100 g de chèvre frais

70 g de pousses d'épinard

+ vinaigrette

1. Dans une casserole, faites cuire les lentilles pendant 20 min dans de l'eau bouillante, puis égouttez-les et laissez-les refroidir.

2. Pendant ce temps dans une autre casserole, faites cuire les patates douces 15 min dans de l'eau bouillante salée, égouttez-les et laissez-les refroidir.

3. Mélangez les lentilles avec les patates douces, les graines de grenade et les pousses d'épinard. Servez parsemé de chèvre frais et assaisonné de vinaigrette.

INDEX

DIS, ON MANGE QUOI CE SOIR ?

DANS LA MÊME COLLECTION

5 INGRÉDIENTS • 3 ÉTAPES MAXI

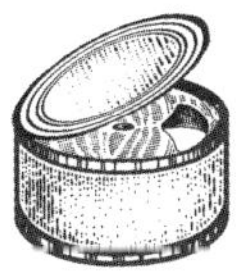

THON EN BOÎTE

MOZZA, FETA & CIE

QUINOA, BOULGOUR & CIE

POTIMARRON, BUTTERNUT & CIE

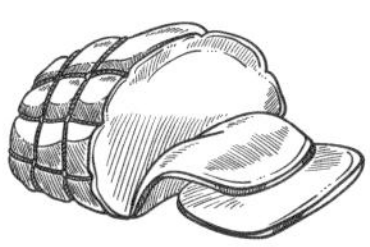

JAMBON, LARDONS & CIE

GRATINS, TIANS & CIE

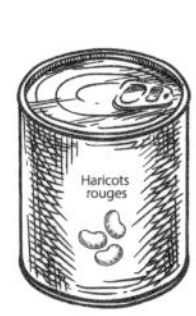

POIS CHICHES, LENTILLES & CIE

ET HOP AU FOUR !

Recettes
© Delphine Lebrun
Sauf pages 16, 32, 43, 52 : © Amandine Bernardi / 37, 42, 55, 73 : © Anne Loiseau.

Photographies
© Emmanuelle Levesque
Sauf pages 17, 23 : © Fabrice Besse / 33, 71, 75 : © Sophie Dumont.

Packshots et illustrations
© Shutterstock

Direction de la publication : Isabelle Jeuge-Maynart et Ghislaine Stora
Direction éditoriale : Émilie Franc et Julie Martin
Direction artistique : Géraldine Lamy
Édition : Evanne Darchy
Conception graphique : Valentine Antenni
Couverture : Laura Filiberti
Informatique éditoriale : Philippe Cazabet
Mise en pages : Mathilde Battini
Préparation de copie et relecture : Aurélie Sallandrouze
Fabrication : Marina Dartigues-Plum

Pour nous contacter : livres-larousse@larousse.fr

Fabriqué par les Éditions Larousse,
21 rue du Montparnasse, 75006 Paris, France
ISBN : 978-2-03-607927-4
EAN : 9782036079274
Imprimé en Espagne par Macrolibros
Dépôt légal : avril 2025
338641/01 - 11057623 - janvier 2025

PAPIER À BASE DE FIBRES CERTIFIÉES

LAROUSSE s'engage pour l'environnement en réduisant l'empreinte carbone de ses livres. Celle de cet exemplaire est de :
600 g éq. CO_2
Rendez-vous sur www.larousse-durable.fr